DE L'ORGUEIL

ET

DE LA FOLIE

DE
L'ORGUEIL
ET DE
LA FOLIE

PAR

LE Dr LAGARDELLE

———

PRIX : 1 FR.

PARIS

THÉODORE MORGAND, LIBRAIRE

5, RUE BONAPARTE, 5

1869

Ces quelques pages, écrites sans prétention, n'ont d'autre but que de montrer du doigt une des plaies du XIXe siècle.

Les diverses interprétations données à la signification du mot orgueil, me mettent tout d'abord en présence d'une difficulté qu'il n'est pas possible de discuter complètement.

Tandis que l'Église en fait un péché capital, et par conséquent, un des plus grands vices qui affligent l'humanité, pour certains auteurs tels que *de Lamennais*, *Alibert*, etc., c'est presqu'une vertu de premier ordre.

Je ne puis me lancer dans une discussion approfondie des opinions contradictoires émises sur ce sujet, qui, malgré les orages qu'il a soulevés, n'en est pas moins resté au même point.

Laissant à chacun le droit et le loisir de penser ce que bon lui semblera, je crois cependant que le mot orgueil indique généralement une mauvaise passion.

Je n'ai du reste à m'occuper ici que des passions excessives; et personne n'ignore qu'une passion, même noble et honorable, lorsqu'elle est poussée trop loin, peut devenir un vice dangereux, et le point de départ de troubles intellectuels qui enlèvent à l'homme ces belles qualités qui le rapprochent de Dieu.

Les passions sont de mauvais maîtres, mais de bonnes servantes.

Pour concilier les opinions, on peut admettre deux sortes d'orgueil.

L'un est ce phénomène moral qui tient au sentiment intime des qualités éminentes que nous possédons; il puise sa force dans la conscience de sa propre valeur; il est purement intellectuel, dégagé de tout ce qu'il peut y avoir de matériel et d'instinctif; par lui, l'âme s'élève et devient capable des grands dévouements et des actions les plus héroïques.

Les sources et les causes de ce sentiment se sont accrues et modifiées par les progrès de la civilisation et l'effet des relations sociales.

Semblable à ces montagnes élevées qui percent les nues et jouissent de leur majestueuse grandeur sans s'occuper de ce qui les entoure, cet orgueil est sans jalousie, il se suffit à lui-même, s'élève avec certitude et dédaigne quiconque cherche à le rabaisser.

Cette passion innée qui unit la puissance à la supériorité n'appartient qu'aux grandes intelligences. « Il est peu d'âmes faites pour s'élever jusqu'à l'orgueil, presque toutes croupissent dans la vanité. » (DE LAMENNAIS.)

L'homme qui possède cet orgueil, a le port majestueux, la tête haute, la démarche assurée, le maintien imposant; il sait se passer de vaines paroles, ne recherche ni le faste, ni l'ostentation, se fait un besoin continuel de l'honneur, une noble émulation l'aiguillonne, il sent s'épurer en lui toutes les inclinations de la vie, jouit en paix des avantages qu'il possède et apprécie justement, et s'il éclate quelquefois, ce n'est que pour rehausser les traits d'un beau caractère.

L'orgueil national, l'orgueil de la famille, etc., voilà des passions nobles et nécessaires qui puisent leurs forces dans les facultés intellectuelles et affectives sans avoir rien de commun avec les instincts et les sentiments matériels qui dirigent les actions des hommes pervertis.

La deuxième espèce d'orgueil, que l'on définit généralement l'amour déréglé de soi-même qui fait qu'on se préfère aux autres, est peut-être la passion la plus vile et la plus misérable de toutes celles qui rendent l'homme grand ou méprisable selon l'usage qu'il en fait.

Ce vice est la source d'un grand nombre de passions honteuses qui, comme des fleurons empoisonnés d'une couronne abjecte, viennent se grouper autour de cet orgueil matériel qui, en développant les mauvais instincts, abrutit l'intelligence.

Il est souvent escorté par l'amour-propre qui ferme les yeux devant la supériorité pour se gonfler dans son impuissance, la haine de tous ceux qui cherchent à s'élever, la jalousie des succès d'autrui.

Turbulent, inquiet, calomniateur, cet orgueil, qui ne peut rien souffrir, rabaisse l'homme à son insu (*qui invidet minor est*); il ne peut rien supporter qui tende à amoindrir sa personnalité, il n'aime que lui, se laisse aller à la vaine gloire, à l'ostentation, méprise le prochain ; il est profondément égoïsme, présomptueux, ambitieux et hypocrite. L'âme dominée par cet orgueil est vile, basse, rampante, incapable d'un élan généreux. Cet homme, en présence d'une grande intelligence, cherche à la rabaisser pour s'élever et se convaincre qu'il lui est supérieur. Il cherche les louanges et l'estime des autres, se fait une gloire de tout, aussi bien des qualités physiques qu'il croit avoir que des qualités morales qu'il n'a jamais eues.

L'orgueil est une passion excentrique, qui quelquefois produit des mouvements de concentration, principalement quand il est blessé ou qu'il médite une vengeance. Il tend à supprimer la raison et la volonté pour donner à l'imagination un plus libre cours.

C'est le tombeau des facultés affectives, qui diminuent rapidement, se pervertissent quelquefois, tandis que les instincts grandissent toujours et étouffent souvent des élans généreux inspirés par une nature encore bonne.

L'orgueil s'allie souvent à la paresse qui atrophie toutes les facultés, de même que le défaut d'exercice atrophie les organes. Il se rencontre avec les autres passions telles que la luxure, l'intempérance, etc., et dans ces cas qui sont les plus nombreux, ces causes morales s'ajoutent et précipitent en le modifiant quelquefois le délire caractéristique de la folie confirmée.

On trouve dans l'histoire des peuples, des passions qui caractérisent certaines époques. De même que les anciens élevaient des autels à des dieux qui représentaient les idées dominantes du moment, leurs tendances, leurs goûts, de même nous élevons dans notre âme, souvent à notre insu, des temples qui représentent notre passion dominante.

En ce moment, il existe une tendance marquée à se procurer les jouissances de toutes les passions; on a soif de fortune et d'honneurs, et chacun, selon ses moyens, caresse un plus ou moins grand nombre de passions coûteuses ou économiques.

On voit des hommes travailler sans relâche pour se faire distinguer, et lorsqu'ils ont un nom bien répandu, loin d'être satisfaits, ils rêvent à l'immortalité. Le *quo non ascendam* est le cri du cœur de tous ceux qui se lancent dans ce mouvement de la société actuelle qui marche avec une rapidité vertigineuse vers tout ce qui se rattache à la civilisation et au progrès.

Les facultés travaillent sans relâche, s'usent vite, pour se rapprocher de cette bannière qui a sur une de ses faces le mot progrès et sur l'autre, l'ambition. Celles qui ne sont pas fortement trempées, se brisent comme verre avant d'avoir atteint le but si ar-

demment poursuivi. Combien ne voit-on pas
de brillantes intelligences qui n'ont pu supporter les luttes continuelles du travail et de
l'ambition !

La vanité se place naturellement à côté de
cet orgueil dégénéré et méprisable dont je
viens d'esquisser les principaux caractères.

Sœur de l'orgueil, cette passion misérable
et factice, fortifiée par toutes les séductions
d'un monde frivole et corrompu, pénètre
dans notre âme par toutes les avenues, se
nourrit de futilités et de chimères, et conso-
lidant sans cesse par tous les moyens possi-
bles sa puissance malfaisante, elle n'aban-
donne son règne qu'à la mort. Elle endurcit
le cœur, rend égoïste, efface les facultés
affectives, amoindrit l'intelligence pour élever les instincts. Ennemie de l'estime, elle
ignore les agréables émotions de l'amitié,
profane les sentiments humains les plus
purs, désenchante les douces affections de
a vie ; elle n'est occupée que d'attirer les
regards publics qu'elle cherche parfois avec
une brusquerie révoltante jusqu'au milieu

de la désolation des larmes et des regrets.

Insensible à la douleur, aux peines, aux chagrins, en un mot à tout ce qui affecte le prochain, elle se gonfle sans cesse de sa nullité et ne pense qu'aux satisfactions que lui procurent les mille riens dont elle se nourrit.

La vanité est une passion acquise qui n'attaque que les esprits faibles ; elle est souvent le résultat des rapports sociaux, de l'éducation, des conditions d'existence auxquelles on a été habitué, et des principes qu'on a reçus dès la plus tendre enfance. Dans ce cas, elle engendre la paresse qui, de son côté, l'élève sur un piédestal et ne cesse de l'adorer.

Tandis que l'orgueil semble affecter de préférence les hommes, la vanité envahit le cœur des femmes dont la sensibilité exquise et les douces affections s'émoussent rapidement pour faire place aux démonstrations sentimentales intéressées.

S'il y a eu des époques caractérisées par l'amour de la gloire, le fanatisme, les superstitions, l'hypocrisie, etc., celle où nous vivons semble être consacrée à l'orgueil et à la vanité. Dans ce siècle où la soif de l'or et des honneurs dévore tous les hommes, où les idées de luxe et le désir de briller est la principale préoccupation d'un grand nombre de femmes, il n'est pas surprenant de trouver tant d'orgueil et de vanité.

D'après Alibert, ces passions sont généralelément en rapport avec la forme des gouvernements. Les hommes qui sont chargés de la direction des peuples savent tirer un bon parti de ces sentiments puissants qu'ils exploitent au grand avantage du progrès des sciences et des arts, du perfectionnement de la civilisation et de la prospérité publique. Alibert dit avec raison qu'il n'appartient qu'à l'homme de faire servir les vices au développement des plus grandes vertus.

La vanité plus souvent que l'orgueil produit l'ingratitude; on la voit persister au milieu des plus grands désordres de l'intelligence, elle survit à la dépravation des sens, à l'avilissement de l'individu, aux dégradations, aux maladies les plus affreuses; elle assiste silencieuse, indifférente et hautaine à l'affaiblissement progressif des forces vives de l'organisme, à la marche lente ou rapide d'une maladie qui fait de notre corps un objet de dégoût; elle ne prend aucun souci des actes les plus honteux; couverte d'ignominie, elle cherche encore à se parer de sa vaine gloire, se drape dans sa nullité et reste jusqu'à la mort, la tête haute, sur ce trône qu'elle s'est consolidée avec des chimères et de la fumée.

La fatuité, dégénérescence de la vanité humaine, apanage des esprits faibles et dénués d'idées, ne se rencontre que chez les personnes dont l'intelligence rudimentaire ne voit que la superficie des choses, et est incapable d'approfondir une question quelconque. Elle a plusieurs points de ressemblance avec l'idiotie perfectionnée ou si on aime mieux avec la semi-imbécillité.

Cette passion, ce travers ou cette maladie, inspire plutôt la pitié que le mépris.

Je désignerai volontiers sous le nom de microcéphales (au figuré bien entendu), ces êtres dont la fatuité est la caractéristique

2

d'une intelligence impuissante, de facultés affectives obscurcies et d'un développement quelquefois remarquable de l'instinct d'imitation.

La fatuité annule les sentiments les plus purs, les plus délicats, qu'elle ignore du reste complètement. Les microcéphales sont des êtres toujours inutiles et désagréables, souvent gênants et incommodes, et quelquefois dangereux. Ces êtres nuls veulent se montrer toujours et quand même, ils vous accablent de leur insignifiante personnalité et sont incapables d'éprouver le moindre sentiment durable. Ils ne peuvent rendre aucun service à la société, dévorent le plus souvent leur fortune avec une indifférence que l'ignorance seule peut excuser; s'ils sont pauvres ou ruinés, ils vivent d'une profession honteuse, méprisable et avilissent au-dessous de leur intelligence rudimentaire ou abrutie, leur corps abject qu'ils ne cessent de traîner dans la boue.

La fatuité est l'absorption progressive des facultés intellectuelles primitivement faibles et l'anéantissement des facultés affectives.

Sans faire l'histoire de la fatuité et de la microcéphalie, je dois ajouter cependant qu'à l'époque où nous vivons, ces vices congénitaux ou acquis ont une signification plus générale qu'autrefois.

Le mouvement intellectuel qui entraîne les hommes de ce siècle en a forcé un grand nombre à rester en arrière et grossi la catégorie des oisifs et des inutiles. Plus la société se montre exigeante dans les services que nous devons lui rendre, plus il y a d'inutilités. Pour remplir une même fonction, on doit être plus intelligent, plus laborieux et beaucoup plus instruit qu'autrefois.

L'orgueil, la vanité, la fatuité sont des passions de la même famille qui existent rarement seules chez le même individu. Ce sont souvent des moteurs destinés à éveiller et à mettre en branle des vices qui consument rapidement les forces de l'organisme, font éprouver au système nerveux des ébranlements violents et souvent répétés, qui sont suivis dans bien des cas de la dégradation intellectuelle, de lésions cérébrales graves et d'une mort aussi misérable que rapide.

En aliénation mentale, parmi les causes morales si souvent et si justement invoquées, on fait jouer un très-grand rôle aux émotions vives, subites, et on néglige de s'occuper des passions qui dominent parfois l'existence entière des individus. Ainsi, une grande joie, une frayeur soudaine et brusque, une peine cruelle, des chagrins puissants, la perte de la fortune, d'un ami, d'un parent, etc., telles sont les causes morales qu'on fait la plupart du temps entrer en ligne de compte dans la détermination de la folie.

Lorsque ces émotions jouent le rôle de causes déterminantes, elles agissent le plus souvent sur un terrain préparé d'avance par les passions qu'on laisse ignorer aux médecins, mais qui n'en existent pas moins.

Une émotion frappe d'autant plus sûrement que l'individu a depuis longtemps en lui une passion qui l'a miné sourdement.

L'émotion est la goutte d'eau qui fait déborder un verre déjà plein; c'est le coup de fouet donné à l'organisme préparé de longue main à une maladie qui éclate tout à coup ; c'est un mot un peu vif jeté à la face d'un homme irrité depuis longtemps et qui devient furieux parce qu'il n'a plus la force de supporter toutes les misères qu'on lui a fait subir.

Si on entre dans un asile d'aliénés, un œil observateur voit bien vite des personnifications de la plupart des passions ; elles sont pour ainsi dire stéréotypées, elles se montrent à découvert.

Certains aliénés n'ont aucune raison pour cacher leur passion dominante, ils en font un titre de gloire et en sont orgueilleux. Les rapports sociaux ne viennent pas mettre un frein salutaire à leurs tendances ; ils exagèrent tout, et souvent l'exagération est la seule différence qui existe entre une passion, une série d'idées appartenant à un aliéné et à un homme sain d'esprit.

L'orgueil surtout, lorsqu'il est excessif, a beaucoup de points de ressemblance avec la monomanie ambitieuse qu'il ne faudrait pas

confondre avec la paralysie générale progressive.

Les passions du reste font partie à certains points de vue du caractère des individus, elles dominent leurs actions, sont quelquefois pour beaucoup dans les habitudes
qu'ils prennent, et si elles ne dirigent pas
complètement la volonté, elles l'influencent
et la modifient considérablement.

Je dois faire remarquer que les aliénés
offrent très-souvent dans leur délire des
idées qui sont en rapport avec leurs habitudes antérieures, leur profession, leur caractère et même leur constitution et leur
tempérament.

Remontant ainsi l'existence des individus,
j'arrive à l'origine et je me trouve en face
de l'hérédité qui joue un si grand rôle en
aliénation mentale. Je ne puis avoir écrit ce
mot d'une valeur si considérable sans faire
quelques réflexions se rapportant au sujet
qui m'occupe.

Si nos formes extérieures et notre phy-
sionomie se rapprochent de celles de nos

parents ; notre caractère, nos goûts, nos idées, nos tendances offrent aussi certains points de ressemblance qu'une observation attentive fait facilement découvrir.

Je ne veux ni ne puis excuser les passions, car elles ne sont pas fatalement héréditaires ; nous n'avons que des dispositions originelles qui nous poussent à nous laisser aller à certains vices que nous pouvons toujours éviter en résistant aux premières manifestations que nous éprouvons. Un homme passionné est fautif, car il n'a pas suffisamment lutté contre cette force qui l'a poussé au mal.

On m'objectera qu'on a vu des hommes inintelligents nés d'hommes de génie, des prodigues fils d'avares, etc. ; mais si au lieu de s'en tenir à ces manifestations extérieures et puissantes qui frappent à première vue, on scrute dans l'existence des individus, dans leur manière d'être, dans certaines particularités de leurs facultés intellectuelles et affectives, dans leurs sentiments moraux et même dans leurs instincts, on trouve la plupart du temps de nombreux rapprochements à faire, qui malgré les apparences, n'en font pas moins reconnaître des dispositions originelles bien manifestes.

Parmi les dispositions des formes physiques, surtout pour les traits de la face, ne voit-on pas tous les jours des personnes dont la figure est laide, désagréable, et qui ressemblent cependant à certains de leusr parents dont on remarque la beauté.

Un imbécile peut de la même façon ressembler sous certains points de vue à un homme d'esprit.

Les passions expansives, à mouvements excentriques, prédisposent à la monomanie, qui lorsqu'elle affecte la forme ambitieuse, n'est dans le principe qu'une exagération de l'orgueil se combinant avec quelques légères altérations des facultés affectives.

Le mot monomanie désigne d'une manière générale une variété d'aliénation mentale caractérisée par un délire partiel habituellement expansif, roulant sur une série d'idées.

Il ne faudrait pas en conclure que toutes

les facultés intellectuelles sont intactes d'une manière absolue.

Cette maladie, dont la marche est essentiellement envahissante, est très-difficile à reconnaître surtout au début.

L'homme que l'orgueil a poussé peu à peu à la folie, qu'une cause insignifiante a fait éclater, montre longtemps après le commencement de sa maladie qu'il jouit de sa raison, de son libre arbitre, surtout aux personnes qui n'ont pas l'habitude d'analyser, de disséquer, pour ainsi dire, toutes les facultés.

Une idée d'aliéné prise isolément n'offre le plus souvent rien de déraisonnable.

Combien de fois n'est-il pas arrivé à des hommes intelligents et instruits de causer longuement avec des aliénés sans jamais se douter qu'ils discutaient avec de malheureux fous.

On n'observe le plus souvent dans le principe qu'un léger changement de caractère, d'habitudes, d'humeur, que la famille est très-loin de considérer comme le prélude du malheur qui va la frapper.

Qu'on fasse une longue conversation avec la plupart des fous ambitieux pris au début de leur maladie, il ne viendra à l'esprit de personne qu'on a eu affaire avec des aliénés, et chacun se dira : ce sont des orgueilleux.

L'homme raisonnable, sain d'esprit, dont l'orgueil est devenu excessif, diffère en effet bien peu de certains aliénés ambitieux.

Cette vérité peu contestable est une brillante confirmation de ce principe qui établit que de toutes les causes de folie les passions sont les plus puissantes.

Il arrive souvent que dans une simple conversation, même pour une personne instruite et suffisamment prévenue, il n'est pas possible de distinguer la folie de la raison.

Dans ces cas qui se présentent fréquemment, c'est au médecin aliéniste seul, qui a l'habitude de ces sortes de maladie et des connaissances étendues sur les rapports du physique et du moral, de formuler une opinion qu'il base d'habitude après avoir examiné tous les antécédents, sur les altérations souvent peu accentuées de certaines facultés

intellectuelles, affectives, morales et instinctives, et la rationalité qui doit exister entre
les actions et les idées de l'individu.

Les monomanies, aussi nombreuses que
les conceptions de la pensée humaine sont
des formes de folie, graves, généralement
dangereuses pour la société, la famille, les
malades eux-mêmes; mais heureusement,
depuis les progrès de la *psychiatrie*, le plus
souvent curables surtout lorsqu'on les traite
dès leurs premières manifestations.

Ce qui les rend dangereuses, ce sont surtout les impulsions instinctives trop souvent
méconnues, les illusions personnelles, et
aussi la perversion des facultés affectives
qui accompagne si souvent cette variété
d'aliénation mentale.

Les impulsions irrésistibles se rencontrent
le plus souvent dans les cas de monomanie
instinctive, mais quelquefois aussi quand il
s'agit d'autres variétés de monomanie et
même d'autres formes d'aliénation mentale,
telles par exemple que la lypémanie, la folie
épileptique.

Sans faire une étude spéciale de la monomanie, je dois dire cependant que cette maladie offre dans ses manifestations des caractères remarquables qui sont en rapport avec
les idées régnantes.

Chaque siècle, chaque époque de l'histoire, nous montre l'observation de monomanies différentes. Alors que telle passion,
tel vice a dominé les idées d'une époque ou
d'une nation, on trouve que les formes de
folie qui correspondent à ces dispositions
morales, ont été plus fréquentes et mieux
dessinées. On peut dire que ces formes por-
tent le cachet de l'époque. On retrouve dans
certains délires des traces des préjugés sociaux qui sont ancrés depuis longtemps dans
le pays où se trouvent les malades.

Les épidémies nerveuses du moyen-âge
étaient très-certainement le résultat des
croyances exagérées de cette époque. Ces
névroses convulsives si fréquentes prenaient
souvent leur source dans le mysticisme qui
a engendré aussi ces quantités considérables
de démonolatries, de démonopathies, de

démonomanies, les zoanthropes, les lycan-
thropes, les cynanthropes, malheureux malades dont le délire spécifique était sinon
l'effet, du moins la reproduction plus ou
moins exagérée des dispositions intellectuelles qui ont caractérisé un siècle fécond
en erreurs déplorables.

Toutes les monomanies religieuses si fréquentes au XVIIe siècle, et qu'on observe
encore bien souvent, représentent l'exagération de certaines idées naturelles et nécessaires, dont la puissance est aussi grande
que le nombre de ceux qui les possèdent.

Et de nos jours, le magnétisme, la physique, l'électricité, ces grands mots qui à
eux seuls pourraient caractériser une grande
époque, trouvent souvent leur place dans
les idées délirantes de certains insensés.

Je puis dire qu'il n'y a pas d'asile d'aliénés où on ne trouve quelque malade qui se
plaigne d'être magnétisé, électrisé, tour-
menté par les physiciens, possédé du dé-
mon, etc.

Le spiritisme, dont on s'est malheureureusement trop occupé, fait quelquefois partie du délire de certains aliénés, et est souvent une cause de folie.

Les folies ambitieuses semblent tous les jours augmenter de fréquence. Il n'est pas d'asile où indépendamment des paralytiques dont le délire affecte souvent cette forme, on ne trouve plusieurs aliénés qui se croient riches, puissants, princes, philosophes, savants, poètes, acteurs, alliés à de grandes familles, auteurs de grandes découvertes, etc. Les fous qui ont trouvé le mouvement perpétuel et le moyen de diriger les ballons sont loin d'être rares, surtout depuis quelque temps.

S'il est fait à cette brochure un accueil favorable, je pourrai la faire suivre de six autres qui formeront un tout résumant les principales passions mises en regard des différentes formes de folie.

www.ingramcontent.com/pod-product-compliance
Lightning Source LLC
Chambersburg PA
CBHW060814280326
41934CB00010B/2687